THE DREAM DIMENSION

POETICAL FRAGMENTS
BY

SUSANNA LAZZARINI

Translation by Andrea Biondi
Revisor Salafia Mauro

In sweet memory of my grandmother.

*Don't try to catch the poets 'cause they will
always slide away between your fingers.*
                                    Alda Merini

*I'm the hero of a story
With no story
And no hero*

                              Abbas Kiarostami

*We are two off-key notes
but together we make a melody.*

                                  Mauro Salafia

A UN PICCOLO ABETE

Pallino!

Cresci vispo tu

il tuo verde brillante

dona allegria

e voglia di socializzare con l'altro verde

del piccolo giardino che cresce in casa.

Pallino,

questo il nome che è stato scelto per te

unica pianticella con un nome.

Non diciamolo alle orchidee,

potrebbero risentirsi

e tornare smaniose alla canopea della foresta;

allacciate a maestà di piante

nel fulgore del sole del meriggio.

TO A SMALL FIR

Pallino!

Lively you grow

by your bright green

we take pleasure

and socialize with the green

of the small garden inside the house.

Pallino,

this is the name that was chosen for you

one seedling with a name.

let's not tell the orchids,

they may take offense

and come back with desire to the canopy of the forest;

woven like a crown to other plants

in the radiance of the noon sun.

UNA CACCIA UTOPICA

Mentre gli uccellini cantano

spartiti di melodie

il felino avanza nell'erba

con il suo consueto passo felpato

la sua caccia è vana

gli uccelli stanno ben lontani;

ma non sprecherà tempo

rincorrendo illusorie chimere

se ne disinteresserà presto

nella certezza di trovare,

squisiti bocconi facili nella sua ciotola.

Eppure domani

attratto dai volanti sonori

ancora si metterà in agguato

un punto arancio acquattato

in un turbinio verde.

A UTOPIC HUNT

While the small birds sing

scores of melodies

the feline advance in the grass

by its usual stealthy step

its hunt is useless

the birds stay well faraway;

but it won't waste its time

following unrealistic chimeras

soon it will lose interest

in the certainty of finding,

delicious dishes in its bowl.

yet again tomorrow

drawned by the resounding birds

it will be lurking

an orange crouched point

in a green whirlwind.

PARIA FRA AMICI

Cerchia di eletti

in miagolo consiglio

Sottile come un giunco

un gatto bianco fece la sua comparsa.

Il circolo rumoreggiava allarmato

mentre il malconcio

sfilava noncurante e beffardo

Come la mala-erba in un'aiuola,

egli era paria fra amici.

PARIA AMONGS FRIENDS

Charmed circle

in meowing council

as thin as a reed

a white cat appeared.

The circle clamoured with concern

while the mangy

was parading mocking and unconcerned

Like the bad grass in a flowerbed,

it was a paria among friends.

IL GUFO

Notturno,

abbarbicato su un acero

se ne stava a bubolare

discorsi sapienti di carattere stellare.

Una stella cadde

ma lui non la vide.

Troppo intento a filosofeggiare,

i suoi occhi

rimasero fissi alla luna spettrale.

THE HOWL

Nocturnal,

clung to a maple

tt was screeching

wise speeches of stellar nature.

A star fell down

but it didn't see it.

Too intent to philosophize,

its eyes

stayed fix at the ghostly moon.

FIERE SELVAGGE

In una fantomatica giungla nera

immobili l'uno di fianco all'altra

con l'obiettivo puntato su di voi;

feroci lotte tra fiere selvagge

ringhi orridi e morsi penetranti

poi la furia si smorzava

il paesaggio svaniva

la quiete di nuovo regnava sovrana

fra una coppia di gatti*

della follia fidi seguaci.

* Dark e Neve due gatti speciali

WILD BEASTS

In an elusive black jungle

static side by side

with target pointed on you;

Fiery fights between wild beasts

awful snarls and penetrating bites

then the rage calmed down

the landscape faded away

peace again reigning

between a couple of cats*

of lunacy's loyal disciples.

*Dark and Neve, two special cats.

IL CANE GIALLO

Il cane giallo

teneva compagnia al vecchio

che amava tristi ballate

Il cane giallo

nella luce ocra

aspettava e seguiva i suoi passi

riparato dal vento

in perpetua devozione.

Poi il nulla venne e lo portò via

l'ocra del suo manto si perse nel vento.

THE YELLOW DOG

The yellow dog

kept company to the old man

who loved sad ballads.

The yellow dog

in the ochre light

waited and followed his steps

covered from the wind

in perpetual devotion.

The nothing came and brought him away

his ochre mantle faded in the wind.

UNA VISITA A GIACOMO LEOPARDI*

Te ne stai insofferente lassù

con il volto rivolto in basso,

senza degnare di uno sguardo la piazza

il tuo mantello a coprire le deformità di uno spirito
eccelso.

Fiumane di gente vanno e vengono nella Recanati
tua

presi nei meandri di una festa

come sabato del villaggio intercorso di giovedì.

Mucciaccio nostro,

scruti ancora l'infinito dal tuo ermo colle?

* 14 giugno 2018, 181 anni fa moriva
Giacomo Leopardi in quel di Napoli.

VISITING GIACOMO LEOPARDI*

You stay intolerant from up there

looking downward,

not deeming the square worthy of even a glance

with your mantle covering the deformity of a
sublime soul.

Streams of people going to and coming back from
your Recanati

caught in the maze of a party

like a Saturday of the village which was on
Thursday.

Mucciaccio of ours,

are you still inspecting The infinite from your
solitary hill?

*14 giugno 2018, Leopardi died 181 years
ago in Naples.

OLD BOY

Come disagiato mentale

venivi deriso un tempo

old boy.

Loro sono corsi avanti

con la loro routine e i loro sogni

tu sei rimasto in sospeso

sembrano cicatrici ma ancora sanguinano come stigmate.

Loro non vedono

non sentono

non possono comprendere le tue sofferenze.

Io posso capirle

esortandoti ad abbandonare le spire del passato.

OLD BOY

As a mentally ill

once you were mocked

Old boy.

While they kept moving

with their routines and their dreams

you stood still

they look like scars but bleed like stigmatas.

They don't see

they don't feel

they can't understand your sufferance.

But I can

and impel you to leave the coils from the past

behind.

ETERNO RAGAZZO*

Eterno ragazzo

dagli occhi verdi

interrotto mai avresti

una partita di carte

ma non quella sera.

Una partita di carte

e si gioca un destino.

La pioggia infittisce

suoni ovattati nell'abitacolo.

Un rumore come un lampo

Oblio

Fiore reciso

in un campo di steli.

* a Roberto delle tre rose

FOREVER YOUNG*

Green - eyed

Eternal youth

you would have never stopped

playing cards

but you did that night

A card play

where destiny is betted.

The rain growing thicker

muffled sound in the cabin.

A noise like a lightning

Oblivion

A cut flower

in a field of stems.

*To Roberto of the three roses

DOLCE QUIETE

Affamato di dolce quiete

la ricercava nell'arte.

Un bosco dipinto

e il dio pastore fra gli alberi

dilettavano la sua fantasia

in un tripudio di sensazioni ancestrali.

SWEET QUIET

Hungry for sweet quiet

he searched for it in the art.

A painted forest

and the shepherd god amongst the trees

were delighting his fantasy

in whirlwinding ancestral feelings.

ARTE MORENTE

L'alienazione compiaceva la sua arte

gli dava linfa e ardore

ma in onore a bacco

e a perniciose sostanze

la creatività venne gettata a terra

dove si ruppe come una bambola di celluloide

e fu consegnata morente ai suoi delatori.

DYING ART

The enstrangement pleased his art

it was nourishment and passion for him

but to honour Bacchus

and pernicious stuff

his creativity was scattered down

where it broken like a celluloid doll

and given dying to his detractors.

UN SOGNO

Il portale che era solo un cubotto di cemento

magicamente s'aprì e noi lo varcammo;

altezze vertiginose

case fatiscenti

e pericolanti gradini,

una stanza s'apriva

e in quella fanciulla con occhi di stelle attendeva

ma non seppi mai cosa volesse dirmi.

A DREAM

The gate was only a poor concrete cube

magically opened and we crossed it;

dizzying heights

crumbling houses

and precarious steps,

a room opened

where a star-eyed girl was waiting

but I' d never knew what she wanted to tell me.

LA CASA ABBANDONATA

Un cartello rugginoso indica vendesi

come orbite vuote, finestre prive di vetri.

Le erbacce hanno invaso il portone

nessun timido accenno di sole giunge alla casa
abbandonata.

Nelle stanze sono risuonate un tempo risa e pianti

ora tutto è pervaso da un immoto silenzio.

Solo il vento a volte trova un'apertura

e ulula con dolore i bisbigli degli spiriti.

THE ABANDONED HOUSE

A rusty billboard says for sale

like empty orbits, glassless windows.

The main door covered with weed

no faint light touching the abandoned house.

The room once echoed with laughters and tears

now only a static silence lies.

Only the wind sometimes finds a breach

and painfully wails ghosts' whispers.

IL TEMPO TRASCORSO

Era una casa elegante,

scolorita dal tempo ma non dalle emozioni che
suscitava.

Un affresco scrostato

aveva raffigurato un tempo un putto e un'anfora.

Il cortile dove si erano inseguiti da bambini,

era ora triste e sparuto.

Il tempo aveva sommerso ogni cosa,

sbiadendo anche l'anima.

THE TIME THAT HAS PASSED

It was an elegant house,

faded by time, but still arousing emotions.

A scraped fresco

once depicted a putto and an amphora.

The yard where children had their plays

now was sad and wretched.

Time had drowned everything down,

fading even the soul.

STANZA SEGRETA

Al di la della parete,

un congegno apriva un passaggio

rivelando una stanza segreta

e in quella stanza occultata

il sole filtrava da una piccola finestrella posta in alto

illuminando la superficie piana di una scrivania

era per me quanto di più confortante potessi immaginare

un angolo

mio

segreto

dove star sola a leggere e fantasticare.

SECRET ROOM

Beyond the wall,

a device unlocking a passage

revealing a secret room

and in that hidden place

Sun was seeping through a small window high

enlightening the flat of a desk

was for me, the most comforting image

a corner

mine

secret

where alone i could read and daydream.

SOLENNE GIARDINO

Biancore di statue

immerse nel verde fogliame

di un solenne giardino

ottuse vezzosità

fra gigli incolore

purezza contaminata

sotto un indifferente cielo fiordaliso.

SOLEMN GARDEN

Whitening of statues

immersed into green leafage

of a sacred garden

dull charming

amongst colourless lilies

polluted purity

under an emotionless cornflower sky.

ALBERO SACRO

Come un verde mantello

sicomoro consacrato da un sussurro di ruscello.

Adagiate su foglie oscillanti,

anime cullate dalla brezza

immerse in sogni eterni.

SACRED TREE

Like a green cape

sycamore anointed by a whispering stream.

Rested on swinging leaves,

souls cradled by the breeze

immersed into eternal dreams.

PRIMULE

Dopo la neve

fiorivano fiori

dai molteplici colori.

La luce irradiava

un sommo calore

e altre pianticelle spuntavano gioiose

su tappeti del sonno ritenuti immortali.

PRIMROSES

After the snow

flowers bloomed

of multiple colour.

Light spread

supreme warmth

and further seedlings were born with joy

on the immortal believed carpet of sleep.

FARFALLE MORPHO

Farfalle morpho,

dall'iridescente color blu elettrico

vostra patria è la lussureggiante massa verde

il polmone del pianeta

così spesso umiliato e violentato

da un sistema senza scrupoli.

Farfalle morpho,

danzate ancora per la foresta

il vostro nettare

la vostra madre

il vostro tutto.

MORPHO BUTTERFLIES

Morpho butterflies,

of iridescent electric blue

the verdant expanse is your homeland

the lung of the Earth

so often harassed and mortified

by a careless system.

Morpho butterflies,

Please dance on for the forest

your nectar

your mother

your everything.

LA GIRANDOLA

Note di pioggia assillano maggio

a tempo con i rintocchi di una campana lontana

il verde dell'erba

ha assunto una tonalità più scura

la coda della girandola a forma di pappagallo

geme sospinta dal vento come per un supplizio

la pioggia si è infittita

i fiori si piegano sotto le sferzate

ora si odono altri rintocchi stavolta di tuoni

la coda del pappagallo di stoffa

forse verrà trascinata via

ingaggiando una lotta vanagloriosa con le nubi.

THE WINDMILL

Notes of rain nagging May

synchronized with a far tolling bell

the green of the grass

has grown darker

the parrot shaped tail of the windmill

moans pushed away by the wind like a torture

the rain has grown thicker

the flowers bend under the lashes

now different tolls are heard this time of thunders

the tail of the fabric parrot

maybe will be dragged away

starting a vainglorious fight against the clouds.

OLTRE IL CANCELLO

Lasciata la mediocrità,

il cancello si apriva cigolando

sull'abbandono di altri mondi

più meritevoli.

Sogni fantasiosi, idee beffarde

una profondità malcelata

l'idea di non evitare l'assente scalino;

Proiettarsi nel buio

lasciarsi cadere all'interno di quel vuoto

pochi metri ma così tanti per quell'età.

Involucro fragile a contenere una mente avvilita.

BEYOND THE GATE

Left mediocrity behind,

the gate opened with a creak

on the dereliction of different

and more creditables worlds.

Imaginary dreams, derisive thoughts

an ill-concealed depth

the thought of not avoiding the missing step;

to throw yourself in the dark

to let yourself fall into that void

slightly high, but so high when you're young.

Fragile shell with a depressed mind inside.

UN GUARDIANO

Un guardiano vigila da gran tempo

e dormir non può

sempre ritto sulle zampe

la testa fiera

la criniera gagliarda;

non ci sono frotte di turisti

a immortalarlo nei pressi di una fontana o
monumento

solo un albero è di compagnia

e mentre il vento ne sospinge i rami

il leone solitario è immutato e immutabile;

persino il ruggito è agghiacciato nel petto di pietra.

A GUARDIAN

a guardian keep watch from very long time

and sleep it can't

always standing on its legs

proud head

the mane healthy;

No swarm of tourists

to immortalize it by a fountain or monument

only a tree as companion

and while the wind is pushing its branches

the lonely lion stands unchanged and
unchanging;

Even its roaring stands frozen in its stone chest.

LA CASA SULLA COLLINA

Da tempo immemore,

la casa era sulla collina.

Da tempo immemore,

i pascoli del dio pan brucavano quell'erba.

Una notte una bruma salì,

i grilli si zittirono all'unisono.

Un'alba cremisi si levò sul nulla.

THE HOUSE ON THE HILL

From time immemorial,

the house had been standing on the hill.

From time immemorial,

the flocks of Pan had been browsing that grass.

One night a mist rose,

the crickets silenced in unison.

A crimson dawn rose on the nothingness.

L'ULTIMA ESTATE*

L'ultima estate,

il canto delle sirene

aveva gettato una malia sui flutti.

Come Ulisse,

il giovane uomo ne aveva sentito l'irresistibile
richiamo

ma per sorte avversa

nulla lo tratteneva

e così, si tuffò nel mare sospiroso

ancora intessuto d'incanto

obliando per sempre i suoi vent'anni.

*A Massimo Rondi

THE LAST SUMMER*

The last summer,

sirens singing

had cast a charm upon the waves.

Like Ulysses,

the young man had heard its overwhelming call

but cause ostile fate

nothing was holding him

so, he dove into the sighing sea

still woven with charm

forever forgiving his twenty years.

*To Massimo Rondi

FRA PASSATO E PRESENTE

Se torno indietro con la mente

beffardo sentore di un vivido passato

il cui presente suona invece offuscato.

Odori, colori, rumori

impallidiscono

e le tracce di un passato distante

fanno arretrare un oscuro presente.

I miei anni si assottigliano

i miei abiti sono brandelli,

il mare mi accoglie nelle sue spire.

BETWEEN PAST AND PRESENT

If i come back with my mind

mocking feeling of a vivid past

whose present sounds like dimmed.

Smells, colours, noises

getting pale

and the trails of a distant past

make a dark present move back.

My years are growing thinner

my clothes are shredded,

the sea embraces me in its coils.

RICORDO DI UN ESTATE*

La voce delle onde del mare

cullava per ore le vostre parole

cullava i miei sogni

pieni di sole e splendore.

Nel timido sole del mattino

liberi ci sentivamo

a passeggio in riva al mare.

Bussava la sera

mentre fumavi il tuo toscano;

noi uscivamo ancora

con un monito d'attenzione.

Strade deserte

buio silente

ci accoglievano;

rapido il ritorno.

La notte giungeva

rischiarata sempre

dalle vostre parole

e da loro ancora io cullata.

Isola felice

prima che le sofferenze

instillassero nel cuore

tetraggini.

Ma niente allora

poteva offuscare

con oscuri presagi

il nostro vivere.

* A Vito Caruso

REMEMBERING A SUMMER*

The voice of the waves

cradled your words for hours on end

cradled my dreams

full of sun and splendour.

In the faint morning sun

we felt free

wandering on the shore.

The evening was knocking

while you were smoking your Toscano;

still we were going out

but asked to watch out.

Empty streets

silent darkness

welcoming us;

fast was the coming back.

53

The night came

still enlighted

by your words

and by then still i was cradled.

Glad island

before sufferance

filled the heart

with grimness.

But nothing at that time

could dim

through dark omens

our life.

*To Vito Caruso

DÉJÀ VU

Mi colpisce una sensazione di déjà vu

mentre sento un profumo in strada

che serbo nei ricordi di un sogno

luoghi familiari per metà

volti sconosciuti che eppur conosco

note musicali a scorrimento nella testa

strofe che si dipanano e confondono

e prima che ne colga il senso

ecco che precipitano nel pozzo dell'inconscio.

DÉJÀ VU

A strong sensation of déjà-vu strikes me

while i smell a scent from the street

that i retain into the memory of a dream

places halfway familiar

unknown faces but yet i know them

musical notes flowing into my mind

verses unraveling and blending

and before i can catch their meaning

they fall into the pit of subconsciuosness.

ZAMPETTANTE ASTRO

Vigile e zampettante astro,

compagno di corse e rincorse

leale amico

affettuoso legame

fino alla fatalità di un attimo

e al compimento di un destino

fin troppo classico.

SCAMPERING STAR

Vigilant and scampering star,

mate of races and chases

loyal friend

tender bond

till the tragedy of an instant

and the fulfilment of a destiny

by too much classical.

LA FAINA

Per l'annuncio di una nascita

l'auto correva veloce

le ruote colpirono una faina

ma il piccolo cuore del succhia - sangue

batteva ancora

mani impietose strinsero la gola fermandolo.

Animale impagliato vigila

come un osceno simulacro

dominando il salotto e gli incubi.

THE BEECH MARTEN

Cause the announcement of a newborn

the car was driving fast

the wheels hitted a beech marten

but the small heart of the bloodsucker

was still beating

merciless choking hands stopped it.

A watching stuffed animal

like an obscene simulacrum

dominating the living room and the nightmares.

ASSENZE

Un rapporto costruito sulle assenze

un'altalena incrostata di ruggine.

Un rapporto fatto di promesse infrante

una bambola senza testa.

Ore ad aspettare sotto il sole battente

verderame sulle mie mani.

ABSENCES

A relationship built on absences

an ecrusted seesaw.

A relationship based on broken promises

a headless doll.

Waiting for hours under the blinding sun

verdigris on my hands.

RIMORSO

Come un cerbero

dalle tre teste

Orrido mostro

che fai cuori a brani

allontanati dal mio cospetto

Rivolgi altrove

il tuo tormento.

REGRET

Like a Cerberus

with 3 heads

Awful beast

tearing hearts apart

step away from my presence

Turn your torment

anywhere else.

ABISSI DELL'ANIMO

Scesi negli abissi del mio e lo interrogai

ma non mi piacque ciò che mi mostrò.

Con la coscienza in tumulto

trapassata da lampi cupi

desiderai la pace

ma sentì uno stormo di risa cupe

e seppi di essere perduta.

DEPTHS OF THE SOUL

I fell down into the depths of my i and questioned it

but i wasn't pleased by what it showed me.

My awareness was upset

pierced by dark lightnings

i desired peace

but i heard grim laughters rustling

and i knew i was lost.

AL BAR DELLA MENTE

Al bar della mente

sorseggiavo un bicchiere di fiele

arricciando solo un po' le labbra.

Al bar della mente

riflettevo su una serpe a due gambe

che sghignazzava di continuo.

Al bar della mente

me la figurai

strisciante come le sue sorelle.

Sorrisi,

abbandonando il bicchiere ormai vuoto.

AT THE PUB OF THE MIND

At the pub of the mind

i was sipping a glass of gall

curling my lips only a little.

At the pub of the mind

i was reflecting about a two legs snake

that always sneering.

At the pub of the mind

i imagined her

crawling like her sisters.

i smiled,

leaving the now empty glass.

VENDETTA NEL BARATRO

Nei recessi della mente

distorta dall'odio

un solo lume brillava

con forte intensità,

la vendetta.

Futili rimembranze di sogni illusori

galleggiavano nel suo io interiore,

non sapendo vivere

si affascinò alla morte

rimanendo in bilico

su un baratro da egli stesso creato.

REVENGE IN THE CHASM

In the recesses of a mind

twisted by hate

only one light was shining

with strenght,

the revenge.

Futile memories of deceptive dreams

were floating in its inner i,

not knowing how to live

it was enthralled by death

hanging

on an abyss created by itself.

UNA PAURA CONDIVISA

La paura del cielo

mi sommergeva da bambina

e mi giudicavo sciocca;

eppure per il celti

dall'epico furor guerriero

era l'unica incognita

l'unico tarlo nella mente.

A SHARED FEAR

The fear of the sky

was overwhelming me

and felt i was silly;

yet for the Celts

of the epic warrior rage

it was the only mistery

the only worm in the head.

L'ORRORE RACCHIUSO IN UN LIBRO

Nell'animo si era raccolto

tutto l'orrore di un libro.

Per ignoranza e per fatale curiosità

ne lesse le pagine

e non se ne poté più staccare.

Come una malia,

gli occhi rimanevano incollati allo scritto.

A sera,

si sentiva come in una cella oscura

privata del sole e dell'aria

con un'orrida musica in testa.

Quando non ne poteva più usciva.

Il parco deserto, silenzioso

gli sembrava una meraviglia

finalmente poteva respirare liberamente;

la caccia dei pipistrelli l'affascinava

ore liete trascorreva

poi la via di casa riprendeva

ma nel tragitto di nuovo il demone l'afferrava

ed ella non sapeva più dov'era.

THE HORROR KEPT INSIDE A BOOK

All the horror of a book

was gathered inside her soul.

Her ignorance and deadly curiosity

made her read those pages

and she couldn't detach anymore.

As in a spell,

she kept her eyes firmly on the book.

At night,

she felt like trapped inside a dark prison cell

deprived of light and air

with an awful music inside her head.

She went out when she got fed up.

The park empty, silent

looked amazing to her

she could breathe freely;

she was bethralled by the hunting of bats

she spent several hours in delight

then she came back home

but again the demon caught her on her way home

and she didn't know where she was anymore.

L'OBLIO

Scendi per i gradini della follia,

dissetati alle acque dell'oblio

e il mio nome non ripeterai mai più.

THE OBLIVION

Run down along the steps of lunacy,

quench your thirst at the waters of oblivion

and you will never repeat my name once again.

IL TEMPO PERDUTO

Il tempo perduto

io lo posso ritrovare

mi basta chiudere gli occhi

non considerarmi folle per questo

quegli scalini dell'oblio

non li ho scesi mai

se come un bel sogno

tenterà di scivolar via

me lo cucirò addosso

come l'ombra di Peter Pan.

Non andrò alla deriva

i topi non abbandoneranno

una nave che affonda

si lasceranno invece cullare dolcemente

dalle acque dell'oceano.

Ritroverò quel tempo

lo terrò stretto

e mai si separerà da me.

THE LOST TIME

The lost time

i can find it again

i just need to close my eyes

don't believe I'm mad for this,

those stairs of oblivion

i've never gone down them

if like a pleasant dream

time will ever try to slide away

i will sew it on me

like Peter Pan's shadow.

i won't go adrift

rats wont's leave

a sinking ship

but will get themselves sweetly caressed

by the waves of the ocean.

I will find that time again

i will hold it close to me

and it'll never part from me.

RICORDI

Ricordi dimenticati e rievocati

su fogli d'amore e d'odio,

contorte associazioni mentali

generavano abissali sensazioni,

rimorsi e rimpianti

come cocci di un vaso

trafiggevano l'anima

ma la carta li assorbì come una spugna

e li celò per sempre.

MEMORIES

Forgotten memories recalled

on sheets of love and hate,

twisted mental connections

generated abysmal sensations,

regrets and remorses

like pieces of a vase

piercing the soul

but the paper absorbed them like a sponge

and hid them forever.

A COME AMORE

Si dice che l'amore è per i poeti

no non è vero,

l'amore è per i pugilatori

l'amore è per tempra d'acciaio.

Quando guardi alle tue spalle

pensando di aver seminato bene

e invece ti appare

un campo spoglio e desolato;

era l'amore che mostrava un miraggio

di campi fertili baciati dal sole.

La lieve brezza si è tramutata in vento gelido

il sole è sceso nella sua ora crepuscolare

lasciandoti solo.

Ghiaccio e lava ti costituiscono
contemporaneamente

in un altalenante glaciale – furore

di amare certezze.

L FOR LOVE

Love is said to be for poets

it' s a lie,

love is for boxers

love is for those hard as steel.

When you look back

thinking you will get a good harvest

and you have

but a wasteland;

that was love showing you a mirage

of fertile lands kissed by the sun.

The light breeze turned to chilly wind

the sun went down at its time of twilight

leaving you alone.

You are built up

of ice and lava at the same time

in a waving ice - fury

of bitter certainties.

LA SPOSA

Testa accoglie la tiara

lo sguardo contempla l'azzurro dei suoi occhi

come il mare che lambisce la riva

armoniosa bellezza

in vaporosi flutti d'avorio

raggiunge quel luogo di promesse

non ancora infrante;

il glicine profumato orna il passaggio

i raggi tiepidi del sole

giocano con i grappoli violetto.

THE BRIDE

The head receives the tiara

the glance contemplates the azure of her eyes

like the sea lapping the shore

a graceful beauty

in gauzy ivory billows

gets to that place of promises

not been broken yet;

The scented wisteria decorates the passage

The lukewarm sunrays

play with the violet bunches of grapes.

AMOR MALATO

Le suggestioni della gioventù

lo trassero in inganno

il fantasma di una romantica unione

abbandonò il castello

e le catene recise

il tuono soffocò i suoi lamenti.

SICK LOVE

The suggestions of youth

betrayed him

the ghost of a romantic union

left the castle

and the broken chains

thunder stifled his plaints.

RIPARAZIONI

Aggiustami

come i frammenti di un vetro.

Assemblami

come i pezzi di un puzzle infinito.

REPAIRS

Repair me

like the fragments of a glass.

Assemble me

like pieces of an infinite puzzle.

UNA DIVA

Regina dei tempi andati

idolo fatto a pezzi

in un vergognoso baccanale

occhi velati di lacrime

la fievole ombra

di un'unione romantica

caduco virtuosismo

di una dignità sepolta.

A DIVA

Queen of the lost times

.idol torn apart

in a shameful bacchanal

eyes veiled by tears

the faint shadow

of a romantic union

ephemeral virtuosity

of a buried dignity.

LA DIMENSIONE DEL SOGNO

La dimensione del sogno

aveva una crepa

il tempo del coniglio nel cilindro era finito.

Guardò con attenzione

la realtà che volevano mostrarle.

Ritornò da dove era venuta,

sigillando la crepa.

THE DREAM'S DIMENSION

There was a crack

in the dimension of the dream

the time of the rabbit out of the hat was over.

She looked carefully

what they wanted to show her.

She came back,

and sealed the crack.

IL PASSAGGIO

Immoto cane a tre teste,

a guardia di un portale oscuro.

L'uomo ha percorso viali ombrosi

sospinto da un'ansia di conoscenza fallace;

influenzato da cattivi giudizi.

Il portale emana bagliori

escrescenza immonde su di esso.

Il cane dalle tre orride fauci digrigna i denti selvaggi

poi un lampo di comprensione trascendentale lo fa
arretrare;

Un mistico vento scuote le vestigia di alberi morti

e quello che fu un uomo può passare.

THE PASSAGE

Still three head dog,

Watching a dark portal.

The man walked shady paths

Moved by a deceitful deside for knowledge;

Influenced by bad opinions.

The portal gives off flashes

Foul excrescenses on it.

The three horrid jaws dog bares its wild teeth

Then a lightning of transcendental comprehension

Makes it retreat;

A mystic wind shakes the traces of dead trees

And what once was a man may pass.

APOSTOLI DELLA VIOLENZA

Vennero alla luce su paglia arida

apostoli della violenza

un velo copriva i loro occhi cupi

esplorarono il lato oscuro

come esseri famelici.

Il loro delirio tenebroso

non aveva remore;

ma vennero inchiodati

come demoni sulla pagina.

APOSTLES OF VIOLENCE

They were born on arid straw

apostles of violence

a veil covered their grim eyes

they explored the dark side

like ravenous creatures.

Their dark delirium

was boundless;

but they were nailed

like demons on the page.

I CORVI

Sotto un cielo plumbeo

su rami di un albero secolare

stanno appollaiati oscuri corvi

per il camposanto si ode

il loro perenne gracchiare,

la fine del mondo.

THE RAVENS

Under a plumbeous sky

on the branches of a age-old tree

dark ravens are perching

all along the graveyard

their endless cawing is heard,

the end of the world.

VISIONE ONIRICA

In un viluppo di piante

il pergolato ospitava una figura

che l'acqua non poteva rispecchiare

la falce di luna impallidì

la figura si alzò

e con essa un vento gelido si destò

oscene zanne di un cuore spoglio.

DREAMLIKE VISION

Inside entangled plants

the arbour hosted a figure

that water couldn' t reflect

the crescent moon turned pale

the figure stood up

and a chilly wind woke up along

obscene fangs of a bare heart.

SONO UN VAMPIRO

Sono un vampiro

brutto e zoppo

e se lo specchio mi riflettesse

si incrinerebbe istantaneamente.

Arranco per le vie scure

cerco sangue di giovinetto

e invece mi devo accontentare

di sangue ammuffito di vecchiardo.

Non credete alle nuove storie

dove sono bellissimo e aitante

ve lo ripeto a viva voce che per un morto è tutto dire

sono brutto e zoppo!

I AM A VAMPIRE

I am a Vampire

ugly and crippled

and if the mirror could reflect me

it would crack instantly.

I limp through dark paths

i look for young boys' blood

i must settle for

mouldy old man's blood instead.

Don' t believe the new tales about me

where I am handsome

I repeat aloud, wich for a dead says a lot,

I am ugly and crippled,

LA CASCIA MORTA*

A mezzanotte la vecchia dama passava

la sua muta di cani latrava

campanellini per la contrada si udivan

e i bimbi dall'udito fine le coperte

addosso si stringevan

la grigia dama rideva

più paurosa di qualsiasi strega

così la cascia morta passava

e non più la giovin vita restava.

* Letteralmente la "caccia morta" rappresenta una variante della leggenda della caccia selvaggia nordica, in una versione di questa storia si pensa che una muta di cani sia guidata da una donna vecchia e terribile.

THE DEAD HUNT*

At midnight the old lady passed

her pack of dogs barked

along the quarters bells were heard

and children with good hearing

hid themselves under their blankets

the grey lady laughed

more frightening than any witch

so the dead hunt passed

and then there was no young life left.

* Literally the "dead hunt" represents a variation
of the Nordic wild hunt legend, in a version of
the dead hunt a pack of dogs is supposed to be
led by and old and awful lady.

LA SPERANZA

La speranza

come la risalita

portentosa di un relitto

sepolto nei mari

appartiene alla fiaba.

THE HOPE

Like a wreckage

Prodigiously resurfacing

From the depths of the sea

The hope

Belongs to the fairy tales.

UNA SAGGIA SCELTA

Dormiente cupido,

viso di pesca

ali dorate richiuse

la faretra abbandonata

in un rampicante eterno d'edera.

Nelle strisce di luce morente

gigli bianchi ondeggiano alla dolce brezza

mentre tortore tubano liete

ignare o indifferenti

ai turbamenti di uno spirito

dalle palpebre tremanti di rugiada.

Un libro fra le mani

rivelatore di verità scomode

manoscritto di oscure formule

la statua del cupido

per un attimo si fa di carne e sangue.

La dolce brezza sparita

le palpebre di rugiada si spalancano

mentre mani febbrili strappano quelle immonde
pagine ingiallite.

A WISE CHOISE

Sleeping Cupid

peach face

closed golden wings

abandoned quiver

in a eternal ivy creeper.

In the stripes of dying light

white lilies flutter in the sweet breeze

while turtledoves coo in gladness

unaware or indifferent

to a troubled spirit

its eyelids shivering with dew.

A book in hands

revealing uncomfortables truths

manuscript of dark formulas

the statue of Cupid

turning to flesh and blood for a while

the sweet breeze is no more

the dew eyelids open wide

thile frenzied hands rip

those yellowed foul pages.

LA STELLA

Nel buio della notte

ero sperduto

in un labirinto senza uscita

ma una luce rischiarò la tenebra

il fulgore di una stella lassù

mi ridiede vita e vigore.

THE STAR

In the dark of the night

i was lost

inside a no exit maze

then darkness was enlighted

the radiance of a star up there

gave me life and strenght back.

ODE A BASTET

Splendida Bastet

dalla testa di gatta,

Dea eterna bianco-vestita

inondata di riflessi lunari

in un giardino di fiori dorati.

Nella mistica notte,

felini di ogni forma e colore sono al tuo cospetto

e i loro miagolii si susseguono.

Oh adorata Bastet,

volgi a tutti noi i tuoi occhi di smeraldo

e indicaci la via attraverso le stelle.

ODE TO BASTET

Wonderful

cat headed Bastet,

eternal Goddess dressed in white

flooded with moon's glare

in a garden of golden flowers.

In the mystic night,

cats of each shape and colour are in your presence

and their meows follow one another.

Oh beloved Bastet,

turn your emerald eyes toward us

and show us the way through the stars.

UN DONO

Lei aveva il dono di saper ascoltare.

Misere ragioni umane

si accavallavano in un limbo di cose perdute

ma ancora prestava ascolto,

aspettando vanamente che il fiume di parole
trovasse una fine

arrendendosi come ovvietà preistoriche;

ma ancora le parole ferocemente tornavano alla
carica

domande su domande che non pretendevano alcuna
risposta

ma solo essere vergate a fondo nella mente rosso
porpora.

A GIFT

She knew how to listen.

Lousy human reasons

were accumulating in a limbo of lost things

yet she paid attention,

Waiting in vain for the stream of words to be ended

surrendering like prehistoric banalities;

But ferociously words charged back

a long series of questions claiming no answer

only to be carved deeply in the purple red mind.

BORIA

Teatrini di postulanti

ogni giorno sfilano

rivoltanti ominidi boriosi

superiori del nulla mentale;

vorrei che un refolo di vento vi portasse via.

ARROGANCE

Scenes of postulants

pass by each day

revolting conceited cavemen

superior in their mental nothing;

i wish a gust of wind took you away.

SCUSE

La bocca aveva mille scuse

gli occhi nessuna.

EXCUSES

The mouth had one thousand excuses

the eyes none.

OMAGGI
-
HOMAGES

ANIME CORROTTE*

Note di un carillon

guidano passi nella notte

di un sordido signore

e di una dama ebbra di perversa passione.

Stanze che col buio paiono più grandi

simili a una corporea dimora

con una fatalità e un gesto estremo.

Il tempo si è fermato

come in una girandola

tutto torna

in un'infida brama.

Fuoco scorre nelle vene di nuovo

anime corrotte instillate di veleno

innocenza di bimbi smarrita.

Nel circolo di statue marmoree

il canto di dolore di un uccello notturno

mi squarcia il cuore.

CORRUPT SOULS*

Notes from a music box

show the way at night

to a sordid man

and to a lady full of depraved passion.

Rooms looking bigger through darkness

similar to a physical abode

with a fate and an extreme gesture.

Time stands still

like in a pinwheel

everything comes back

to a treacherous longing.

Again fire flowing inside the veins

corrupt souls instilled with poison

youth's innocence lost.

In the circle of marble statues

a night bird singing the pain

tears my heart apart.

* Inspired to "The Turn Of The Screw" by Henry
James

DOLCE BARDO*

Le stagioni si sono susseguite una dopo l'altra

la primavera dalla dolce brezza

l'estate dalle messi mature

l'autunno lieve come le foglie

l'inverno dal manto bianco e candido.

Il dolce bardo ha riversato la sua poesia

su strisce di carta

secoli da allora sono passati,

ma la sua opera è viva più che mai.

* Ispirato a Edgar Allan Poe

SWEET BARD*

Seasons passing by one after the other

the sweet breeze spring

the summer and its ripe harvests

the autumn as light as leaves

the winter and its white snow mantle.

The sweet bard has shifted his poetry

onto paper stripes

centuries have passed since then,

but his works are more alive than ever.

* Inspired to Edgar Allan Poe.

LA MUSA DI EDGAR ALLAN POE

Dolce quell'astro di fanciulla

che ti ispirò nei tuoi componimenti;

Virginia* amore puro, amore bello

ti fu strappata da un destino avverso;

Il tuo estro creativo fu travolto dall'ispirazione,

ma mille volte avresti preferito il suono lieve

della voce della tua amata.

* Virginia fu la moglie di Edgar Allan Poe,
morì a soli 23 anni di tisi.

EDGAR ALLAN POE'S MUSE*

Sweet that star shining maiden

that inspired your works;

Virginia* pure love, awesome love

was torn away from you by an hostile fate;

Your creative capacity was overwhelmed with
inspiration

but a thousand times you would have preferred

your beloved's light sound voice.

* Virginia was Edgar Allan Poe's wife. She
died of tubercolosis at only 23.

MARILYN MONROE

Venere dalla pelle bianca come la luna

si muoveva soave

in un mondo di sua invenzione

aspirando a un soffio d'eternità.

Il varco tra sogno e realtà era labile

dall'apparente volta celeste

mancò troppo presto

divenendo una leggenda

suo malgrado per le ragioni più sbagliate.

MARILYN MONROE*

Venus, her skin as white as the moon,

softly she moved

inside a world she had created

striving for a moment of immortality.

The passage between dream and reality was labile

too soon the sky

Was deprived of this star

becoming a legend

despite herself for worst reasons.

VISITATORE NOTTURNO AL ST JOHN DI BENEFIT STREET*

Luna perlacea

irradiava lapidi secolari.

Howard sedeva su una di esse,

mentre il vento trasportava un canto arcaico.

Apparve una strana stella

nella celeste volta.

Dalle tenebre secolari di una cripta,

un ombra mastodontica emerse

e Lovecraft le sorrise.

*Lo scrittore Howard P. Lovecraft passeggiava di notte nel cimitero di St John di Benefit Street sulle orme di Edgar Allan Poe vissuto un secolo prima, qui immagino un incontro fra Lovecraft e una delle creature dei suoi libri.

NIGHT VISITOR AT ST. JOHN IN BENEFIT STREET*

Pearl moon

was irradiating centuries-old tombstones.

Howard sat on one of them

while the wind was carrying an archaic song.

A strange star appeared

in the celestial vault.

From the centuries-old darkness of a crypt

a colossal shadow raised

and Lovecraft smiled to it.

* The writer Howard P. Lovecraft used to walk at night in the graveyard of St John in Benefit Street, following Edgar Allan Poe' s steps who lived a century before, here I imagine Lovecraft and one of his creatures meeting each other.

INDICE / INDEX

A un piccolo abete   1
To a small fir

Una caccia utopica   3
A utopic hunt

Paria fra amici   5
Paria amongs friends

Gufo   7
The howl

Fiere selvagge   9
Wild beasts

Cane giallo   11
The yellow dog

Visita a Giacomo Leopardi   13
Visiting Giacomo Leopardi

Old boy   15
Old boy

Eterno ragazzo   17
Forever young

Dolce quiete   19
Sweet quiet

Arte morente   21
Dying art

Un sogno   23
A dream

La casa abbandonata   25
The abandoned house

il tempo che è trascorso   27
The time that has passed

Stanza segreta   29
Secret room

Solenne giardino 31
Solemn garden

Albero sacro 33
Sacred tree

Primule 35
Primroses

Farfalle morpho 37
Morpho butterflies

La girandola 39
The windmill

Oltre il cancello 41
Beyond the gates

Un guardiano 43
A guardian

La casa sulla collina 45
The house on the hill

L'ultima estate   47
The last summer

Fra passato e presente   49
Between past and present

Ricordo di un estate   51
Remembering a summer

Déjà vu   55
Déjà vu

Zampettante astro   57
Scampering star

La faina   59
The beech marten

Assenze   61
Absences

Rimorso   63
Regret

Abissi dell'animo   65
Depths of the soul

Al bar della mente   67
At the pub of mind

Vendetta nel baratro   69
Revenge in the chasm

Una paura condivisa   71
A shared fear

L'orrore racchiuso in un libro   73
The horror kept inside a book

L'oblio   77
The oblivion

Il tempo perduto   79
The lost time

Ricordi   81
Memories

A come amore   83
L for love

La sposa   85
The bride

Amor malato   87
Sick love

Riparazioni   89
Repairs

Una diva   91
A diva

La dimensione del sogno   93
The dimension of the dream

Il passaggio   95
The passage

Apostoli della violenza   97
Apostles of violence

I corvi   99
The ravens

Visione onirica   101
Dreamlike vision

Sono un vampiro   103
I am a vampire

La cascia morta   105
The dead hunt

La speranza   107
The hope

Una saggia scelta   109
A wise choice

La stella   113
The star

Ode a Bastet   115
Ode to bastet

Un dono   117
A gift

Boria   119
Arrogance

Scuse   121
Excuses

Anime corrotte   125
Corrupt souls

Dolce bardo   129
Sweet bard

La musa di Edgar Allan Poe   131
Edgar Allan Poe's muse

Marilyn Monroe   133
Marilyn Monroe

Visitatore notturno al St John di   135
Benefit Street
Night Visitor At St John In Benefit Street